BEI GRIN MACHT SICH IHR WISSEN BEZAHLT

Michael Siegle

Der Motivationsprozess. Warum ist es wichtig, Mitarbeiter zu motivieren?

GRIN Verlag

Bibliografische Information der Deutschen Nationalbibliothek:

Die Deutsche Bibliothek verzeichnet diese Publikation in der Deutschen National-
bibliografie; detaillierte bibliografische Daten sind im Internet über http://dnb.d-
nb.de/ abrufbar.

Impressum:

Copyright © 2010 GRIN Verlag GmbH
Druck und Bindung: Books on Demand GmbH, Norderstedt Germany
ISBN: 978-3-656-43630-0

Dieses Buch bei GRIN:

http://www.grin.com/de/e-book/214840/der-motivationsprozess-warum-ist-es-
wichtig-mitarbeiter-zu-motivieren

GRIN - Your knowledge has value

Der GRIN Verlag publiziert seit 1998 wissenschaftliche Arbeiten von Studenten, Hochschullehrern und anderen Akademikern als eBook und gedrucktes Buch. Die Verlagswebsite www.grin.com ist die ideale Plattform zur Veröffentlichung von Hausarbeiten, Abschlussarbeiten, wissenschaftlichen Aufsätzen, Dissertationen und Fachbüchern.

Besuchen Sie uns im Internet:

http://www.grin.com/

http://www.facebook.com/grincom

http://www.twitter.com/grin_com

Warum ist es wichtig, Mitarbeiter zu motivieren? Erläutern Sie, welche Rolle hierbei der Motivationsprozess spielt.

Referat im Fach
Führung von Mitarbeitern (FGI01)
an der AKAD Hochschule Stuttgart

von

Michael Siegle

13.03. 2010

Inhaltsverzeichnis   Seite

1. Einführung

1.1 Vorstellung des Themas

Das vorliegende Referat will eine Antwort finden auf die Frage: Warum es wichtig ist Mitarbeiter zu motivieren und welche Rolle dabei der Motivationsprozess spielt. In den folgenden Kapiteln werden zuerst die Motivation definiert und danach die verschiedenen Arten von Motivationstheorien erläutert. Die Rolle des Motivationsprozesses soll anhand des prozessorientierten Motivationsprozesses nach Porter/Lawler näher betrachtet werden. Abschließend erfolgt ein Fazit mit kurzem Ausblick.

1.2 Aktueller Bezug

Im Zeitalter der immer schnelleren Veränderung von technologischen sowie wirtschaftlichen Entwicklungen und gesellschaftlichen Trends, wird die einzige Konstante, „der Mensch" – und seine Leistungsbereitschaft für erfolgreiches Wirtschaften in Unternehmen immer wichtiger. Hierbei stellt sich vorwiegend die Frage, wie Unternehmen den Produktionsfaktor „menschliche Arbeitskraft" so in ihrem Sinne beeinflussen können, dass Unternehmensziele und Mitarbeiterzufriedenheit auf möglichst harmonisch und ökonomisch sinnvolle Weise erfüllt werden können. Denn langfristige Gewinnmaximierung als unternehmerisches Oberziel, erreicht man nur mit zufriedenen Mitarbeitern.

Um die Mitarbeiterinteressen besser zu verstehen, geben die Motivationstheorien einen Überblick über theoretische Sichtweisen und Herangehensweisen zur eigenen Einschätzung und zur Mitarbeitersteuerung aus Führungssicht. Im nächsten Kapitel wollen wir uns mit diesem Thema näher auseinandersetzen. Doch zunächst interessiert die Frage: Was ist Motivation überhaupt?

2. Hauptteil

2.1 Was ist Motivation?

Motivation ist die „Summe der Beweggründe, die jemandens Entscheidung, Handlung beeinflussen". *Duden, Fremdwörterbuch (2009).* Motivation bedingt also immer die Empfindung eines Mangels und somit ein Bedürfnis oder Motiv etwas zu tun. Dieses Motiv muss so stark sein, dass es den Menschen zu einer bestimmten Handlung bewegt. *vgl. Kottler, P.; Keller, K.L.; Bliemel, F. (2007), Seite 284.* Es interessieren somit bei der Erforschung der Motivationsgründe, die Bedürfnisse und deren Einflussfaktoren die Menschen zu einem bestimmten Verhalten veranlassen.

2.2 Intrinsische und Extrinsische Motivation

Wenn Mitarbeiter eine eigene innere Motivation in die Arbeit mit einbringen, spricht man von intrinsischen Faktoren. Diese Faktoren können durch Anreize wie z.b. das Übertragen von Verantwortung gefördert werden. Entscheidungsfreiheit, persönliche Entwicklungsmöglichkeiten und interessante Arbeitsinhalte sind einige intrinsische Motivationsfaktoren. Von extrinsischen Faktoren spricht man, wenn von Dritten (z.b. Vorgesetzten, Unternehmensvorgaben) Verhaltensanreize geschaffen werden. Dazu zählen Anreize wie: Gehaltserhöhungen, Belobigungen, Beförderungen, aber auch Bestrafungen, wie disziplinarische Massnahmen bis zur Kündigung. Extrinsische Faktoren zeigen einen stärkeren, aber kurzfristigen Effekt, während intrinsische Faktoren eher langfristig wirken. *vgl. Rosenstiel L. v. (2003), Seite 144 - 146.*

2.3 Die Motivationstheorien

2.3.1 Der Klassiker – Maslowsche Bedürfnispyramide

Das wohl bekannteste Modell zur Erklärung der menschlichen Bedürfnisse stammt von Abraham H. Maslow (1954). Er unterscheidet fünf Bedürfnisebenen, die er aufeinander aufbauend hierarchisch angeordnet hat.

An der Basis der Pyramide sind die physiologischen Grundbedürfnisse (z.B. Hunger, Durst). Aus dieser Motivationsstufe könnte man den Wunsch des Mitarbeiters nach einer gerechten Entlohnung für die Arbeit ableiten. Ist diese Stufe erfüllt, folgt das Sicherheitsbedürfnis (z.B. Schutz und Stabilität). Hier geht es vorwiegend um die Erfüllung von Arbeitsplatzsicherheit und sozialen Leistungen. Soziale Bedürfnisse (z.B. Zugehörigkeitsgefühl, Liebe) bauen darauf auf. Sie führen zu dem Wunsch nach guter Teamarbeit und sozialen Kontakten am Arbeitsplatz. Das Bedürfnis nach Wertschätzung (z.B. Anerkennung, Prestige) führt zur verantwortungsvollen Tätigkeit mit Aufstiegsmöglichkeiten. Sind die vorher genannten vier Defizitbedürfnisse erfüllt so tritt das Wachstumsbedürfnis nach Selbstverwirklichung an die Spitze. Hierbei steht die Entwicklung und Entfaltung der Persönlichkeit im Vordergrund.

Maslow ging also davon aus, dass erst wenn ein niedriger bewertetes Bedürfnis erfüllt ist, die nächste Stufe für den Menschen relevant wird. *vgl. Wöhe, G.; Döring, K. (2008), Seite 150 - 151.*

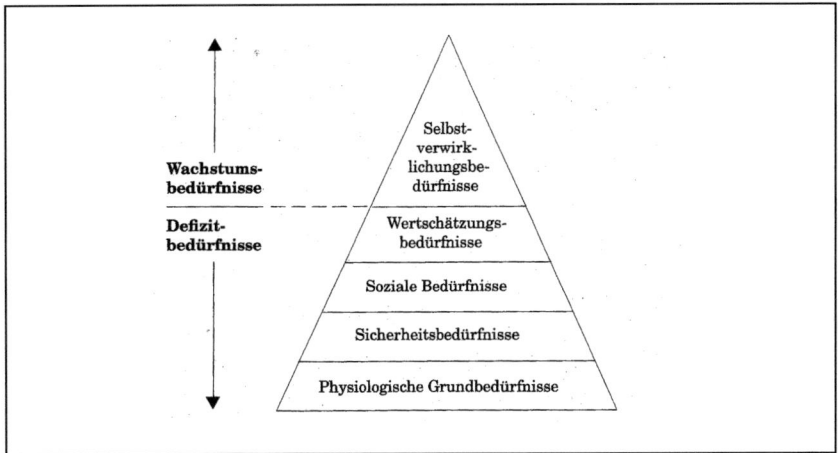

Abb. 1: **Wachstumsbedürfnisse** sind latent vorhanden, werden aber erst aktiviert, wenn die Defizitbedürfnisse zuvor weitgehend befriedigt wurden. (Olfert, K.(2008) Seite 50)

Maslows einfaches Modell ist nicht an der betrieblichen Wirklichkeit orientiert, aber es erklärt z.b., warum es nicht ausreichend ist, als Arbeitgeber nur die grundlegenden Bedürfnisse eines Mitarbeiters nach z.b. Arbeitsplatzsicherheit und leistungsgerechter Entlohnung zu erfüllen. Erst wenn die Arbeitsstelle es dem Mitarbeiter ermöglicht, zusätzliche Bedürfnisse zu befriedigen, besteht ein echter Motivationsanreiz.

2.3.2 McClellands Bedürfnisarten

David C. McClelland fand bei Studien mit Managern vier nebeneinander existierende Bedürfnisarten. Die Bedürfnisse nach Leistung, Macht, Zugehörigkeit und Vermeidung. Alle Bedürfnisse sind gleichrangig und befinden sich im Wechselspiel zueinander. Wesentlich ist jedoch, dass jeder Mensch unterschiedlich starke Ausprägungen dieser Bedürfnisse aufweist. vgl. McClelland, D. C. (1975).

2.3.3 Herzbergs „Zwei-Faktoren-Theorie"

Herzberg unterscheidet zwei Faktoren im Rahmen seiner Untersuchung (Pittsburgh-Studie). Zum einen die Motivatoren (Zufriedenheitsfaktoren oder Satisfaktoren), die Zufriedenheit auslösen und motivieren. Sie stehen in direktem Zusammenhang mit der Arbeitsaufgabe. Es gelten hierzu: Erfolgserlebnisse, Anerkennung, aufgabenentsprechende Verantwortung, Aufstiegsmöglichkeiten und Selbstentfaltungsmöglich-

keiten. Zum anderen die Hygienefaktoren (Unzufriedenheitsfaktoren oder Disatisfaktoren), die in keinem direkten Zusammenhang zur Arbeitsaufgabe stehen. Es sind Mängel, die sich in folgenden Bereichen sichtbar machen, so z.b. bei der Entlohnung, der Überwachung und Kontrolle, den Arbeitsbedingungen oder der Personalführung.

Folgende Wirkungen leitete Herzberg aus den Erfahrungen ab:

- Das Vorhandensein von Hygienefaktoren wird als Selbstverständlich angesehen. Fehlen sie, wird Unzufriedenheit erzeugt.
- Das Vorhandensein von Motivatoren kann fehlende Hygienefaktoren nicht vollständig ausfüllen.
- Sind beide Faktoren vorhanden, wird eine optimale Wirkung erreicht.

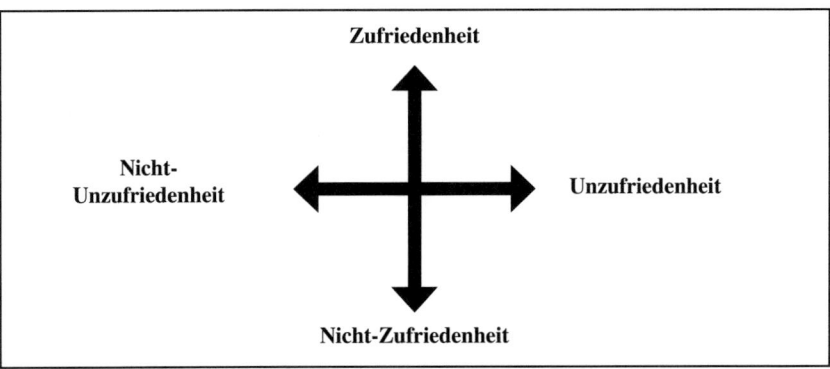

*Abb. 2: **Zwei-Faktoren-Theorie** (Olfert, K.(2008) Seite 50)*

Herzbergs Modell liefert eine gute Erklärung für die Tatsache, dass finanzielle Anreize allein nicht ausreichend sind um Mitarbeiter zu motivieren. *vgl. Olfert, K. (2008), Seite 50 - 51.* Es wird einfach erwartet, dass gute Arbeit auch ehrlich mit entsprechendem Entgelt honoriert wird. Liegt die Bezahlung jedoch unter dem vom Mitarbeiter als adäquat angesehenen Niveau, kann sehr schnell Unzufriedenheit und damit Demotivation entstehen.

2.3.4 McGregors Theorie XY

Im Gegensatz zu den vorangestellten Motivationstheorien basiert Douglas McGregors XY-Theorie auf zwei unterschiedlichen Menschenbildern. Nach der X-Theorie sind Mitarbeiter träge, versuchen Arbeit aus dem Weg zu gehen, haben nur wenig Ehrgeiz und müssen durch Sanktionen mit autoritärem Führungsstil geführt werden.

Nach der Y-Theorie sieht er das Gegenteil, eher engagierte, nach Persönlichkeitsentfaltung strebende und motivierte Mitarbeiter, die durch kooperativen Führungsstil geführt werden wollen. McGregor ist überzeugt, dass eine optimale Führung nur von der Y-Theorie aus möglich ist. Er geht davon aus, dass auch X-Orientierte Menschen zur Y-Richtung geführt werden können. *vgl. Olfert, K. (2008), Seite 48 - 49.*

2.4 Der Motivationsprozess

Nachdem nun in den Motivationstheorien erläutert wurde, welche Bedürfnisse den Menschen motivieren, interessiert beim nun folgenden prozessorientierten Motivationsprozess, wie dieses Ziel erreicht wird. Es steht also das „Wie" im Vordergrund.

2.4.1 Motivationsprozess von Porter/Lawler

Beim Motivationsmodell von Porter/Lawler (1968) steht im Mittelpunkt die Beziehung von Anstrengung, Leistung und Zufriedenheit, sowie die Einflussfaktoren darauf.

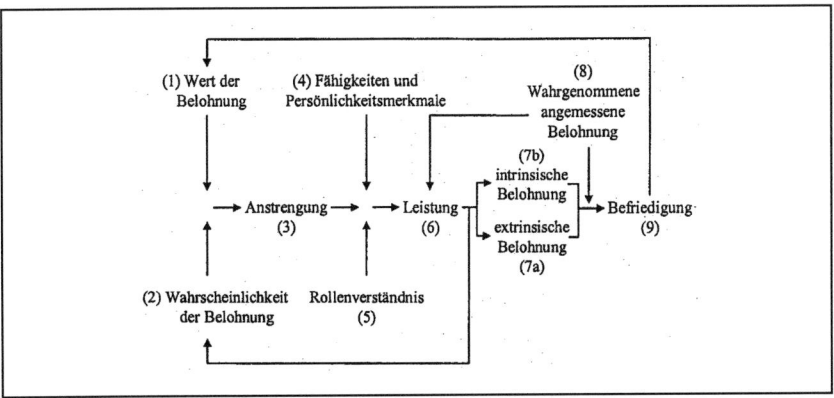

*Abb. 3: **Porter/Lawler-Modell der Motivation** (in Anlehnung an Porter/Lawler 1968)*

Die Anstrengung (3) die ein Individuum bereit ist einzusetzen ist abhängig von dem Wert der Belohnung (1) und der Wahrscheinlichkeit, diese Belohnung zu erhalten (2). Die Leistung (6) ist das Ergebnis der Anstrengung. Beeinflussende Merkmale sind neben der Anstrengung, die Persönlichkeitsmerkmale (4) wie fachliche, methodische oder soziale Fähigkeiten und das Rollenverständnis (5), wie Erwartungen der Umwelt an das Individuum. Folgt hierauf eine Belohnung entweder in intrinsischer Art z.B. als Erfolgserlebnis oder als extrinsischer Art z.B. als Entlohnung, entsteht Befriedigung (9). Ob die aus der Leistung resultierende Befriedigung als angemessen erscheint,

wirkt erfahrungsbildend und bestimmt damit, ob zukünftig solche Anstrengungen wieder vollzogen werden oder ob sie eher vermieden werden. *vgl. Scherm, E.; Süß, S. (2003) Seite 161-163.*

Der Motivationsprozess verdeutlicht wichtige Ansatzpunkte des Zustandekommens von Motivation. Er unterscheidet sich damit wesentlich von den reinen Motivationstheorien, indem er mehr Einflüsse auf die individuelle Motivation berücksichtigt. Kritisch muss jedoch das ökonomische Menschenbild gesehen werden, welches der Theorie zugrunde liegt. Es setzt lediglich ein rationales Zweck-Mittel-Denken der Menschen vorraus und berücksichtigt nicht irrational geleitete Motive und Einflussfaktoren wie sie z.B. bei Künstlern oder religiösen Gruppen anzutreffen sind.

3. Fazit

Warum ist es nun wichtig Mitarbeiter zu motivieren?

Einige wichtige Gründe hierfür sind:

* Damit Unternehmen im Wettbewerb effektiver und effizienter wirtschaften.
* Damit die Fluktuation von Mitarbeitern relativ gering ist.
* Damit die Arbeitszufriedenheit sich im sozialen Umfeld widerspiegelt und zu einer positiven Unternehmenskultur beiträgt.
* Damit eine erhöhte Leistungsbereitschaft für schwierige Unternehmensaufgaben aktiviert werden kann.

Der Motivationsprozess bietet die Möglichkeit, die Einflusskfaktoren von Motivation zu erkennen. Die besten Leistungen werden von Menschen erbracht, bei welchen Arbeitszufriedenheit und Arbeitsleistung im Einklang sind. Es sind also Idealziele die jedes Unternehmen anstreben sollte. Die vorgenannten Thesen von Maslow, McClelland, Herzberg und McGregor helfen dabei die Ursachen und das Verhalten von Menschen besser zu verstehen und ihre Bedürfnisse zu ergründen.

Es ist jedoch zu bedenken, dass es anders – als beim Computer – keine, „allgemein gebräuchliche Anleitung" für die Motivation von Menschen gibt. Sie müsste für jeden Menschen, durch die unterschiedlichen Einflussfaktoren und Bedürfnisse, individualisiert werden. Denn was bei einem Mitarbeiter zur effektiven Leistung führt, kann bei einem anderen genau das Gegenteil bewirken.

Es gilt also für Unternehmen folgende Führungstechniken richtig anzuwenden:

- Die Motive und das Verhalten der Mitarbeiter erkennen und aus den Bedürfnissen die richtigen Maßnahmen ableiten.
- Geeignete Führungstechniken auswählen um eine leistungsfördernde Umgebung zu schaffen. Eine Verbesserung der Arbeitsbeziehung zwischen den Vorgesetzten ist anzustreben.
- Die Führungstechniken an das Mitarbeiterverhalten anpassen.

vgl. Seiwert, L.J.; Gay F. (2001), Seite 54 - 55.

Nur durch die ständige Auseinandersetzung mit den Bedürfnissen und Wünschen von Mitarbeitern, weg von dem, in der Vergangenheit häufig praktizierten autoritären Führungsstil kann es dem Unternehmen gelingen, auf Dauer Mitarbeiter an das Unternehmen zu binden und Leistung zu fördern. Hiermit verbunden steigt die Anforderung und die soziale Kompetenz an moderne Führungskräfte. Wir wollen hoffen, dass diese Fähigkeiten mehr in den Mittelpunkt schulischer und betrieblicher Ausbildung gestellt werden.

4. Literaturverzeichniss

- Duden: Fremdwörterbuch. 9. Auflage. Mannheim 2009

- Kottler, P.; Keller, K. L.; Bliemel, F.: Marketing-Management. 12. Auflage. München 2007.

- McClelland, D. C.; Power, the inner Experience. New York 1975.

- Olfert, K.: Personalwirtschaft. 5. Auflage. Ludwigshafen 2008.

- Rosenstiel, L. v.: Motivation managen. Berlin 2003.

- Scherm, E.; Süß, S.: Personalmanagement. München 2003.

- Seiwert, L. J.; Gay F.: Das 1 x 1 der Persönlichkeit. 8. Auflage. Offenbach 2001.

- Wöhe, G.; Döring, U.: Einführung in die allgemeine Betriebswirtschaftslehre. 23. Auflage. München 2008.